Bienvenidos

A la primera edición de la revista de programadores de Puerto Rico. Para los que no nos conocen pueden encontrar nuestro grupo en Facebook (https://www.facebook.com/groups/programadorespuertorico). El grupo tiene como propósito crear un espacio donde programadores dentro y fuera de Puerto Rico puedan hacer networking y compartir ideas. Con esta perspectiva siendo nuestro punto de partida decidimos crear esta revista para que sea un lugar que permita la exposición de los integrantes de la comunidad.

Entendemos que la isla ha creado una gran cantidad de talento en el área de la programación pero que no sabemos de muchos de ellos debido a estar en otra localización o por estar trabajando en áreas que no tienen mucha visibilidad. Esperamos que con esta revista podamos resolver esto y en adicional motivar a que más personas entren a este campo.

Por ultimo queremos darles las gracias a todos los autores en esta edición por tomarse el tiempo de crear el contenido.

Si tienen algún comentario, duda o inquietud que nos quiera dejar saber estamos a su disposición en: hello@programadoresdepuertorico.com

Atentamente,

John Lugaro

Jaime Olmo

Jorge Sepúlveda

Alfredo Alvarez

Artículos

¿Entonces deseas crear videojuegos?

Por: Gabriel Vera / http://ungracoda.com

¿Qué necesito para aprender a crear videojuegos?

Hacer videojuegos puede resultar uno de los logros más brutales, desafiantes y gratificante que puedas experimentar. Algunos se interesan sólo porque les gusta jugarlos o porque son buenos jugando. Déjame decirte que el ser un *gamer* y apasionado de videojuegos, no te hará bueno y mucho menos te guste el desarrollo de videojuegos. No voy a mentir, tomará mucho de ti y te llevara al límite, pero bueno, ¿no es solo ser un programador suficientemente retante? La mejor manera de describir la diferencia entre desarrollar una aplicación o un servicio web a desarrollar un videojuego, es como comparar el procedimiento estándar dirigido a satisfacer la necesidad de un usuario, versus un estilo libre, sin procedimientos ni reglas, que su fin busca entretenerte. Y te preguntarás, ¿cómo se logra programar eso? Aquí está el paso que recomiendo tomes para crear videojuegos.

Paso 1

Si estás empezando desde 0, y con eso me refiero a que no te sabes ningún lenguaje de programación, te sugiero que aprendas un lenguaje como C++. Este ha demostrado ser una herramienta sólida y te ofrece un fuerte entendimiento de otros lenguajes basados en él. De hecho, los motores de juegos más populares están escritos en este lenguaje. Se te hará la vida mucho más fácil al abordar otros lenguajes de programación como C # o Java, que es lo que te recomiendo hacer a después. Piénsalo así, aprender C++ sería como subir las escaleras de una chorrera, y cuando llegas a la cima y bajas la chorrera sería como aprender C# o Java.

Paso 2

Hacer videojuegos requiere mucha ayuda con el arte 2D, animaciones, modelos 3D y sonidos, por nombrar algunos. Usa un motor de juego ya existente. Si deseas crear tu propio motor de juego, lo cual lo veo bien, tendrá consecuencia. Esto extenderá el proceso de saber qué parte del desarrollo te interesa más en enfocarte.

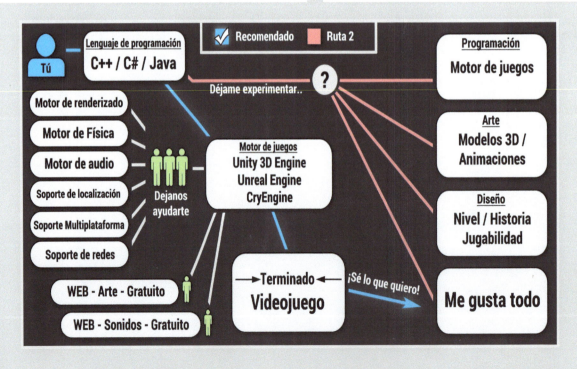

Algo que te brinda desde un principio un motor de juego ya disponible. Los componentes principales de un motor de juego son el motor de renderizado y el motor de física. El motor de renderizado son sólo APIs (Application Program Interfaces) para manipular como por ejemplo a DirectX o OpenGL y dibujar gráficos 2D / 3D en tu pantalla. El motor de física simula la física de vida real como, por ejemplo, la gravedad y la colisión entre objetos.

Unity Game Engine

Actualmente, el motor de juego Unity tiene 4 versiones: Personal, Plus, Pro y Enterprise. La más importante para ti en este momento es la versión Personal, que es gratuita. Si ganas más de $100,000 por año fiscal usandolo, tienes que comprar Plus o Pro. Si estás usando las versiones Personal o Plus y ganas más de $200,000 por año fiscal usandolo tienes que comprar la versión Pro. La versión Plus es de $35.00 mensual por usuario y la versión Pro es $125.00 mensual por usuario. Para la versión Enterprise debes contactar a Unity para más especificaciones.

Unreal Game Engine

Unreal Game Engine es gratis, si haces más de $3,000 en un trimestre del año, pagarías 5% del dinero extra que hiciste, por ejemplo, vamos a decir que ganas $100,000 en un cuarto de año.
($3,000 - $100,000 = $97,000) entonces ($97,000 * 0.05 = $4,850). Le pagarías a Unreal Game Engine $4,850.

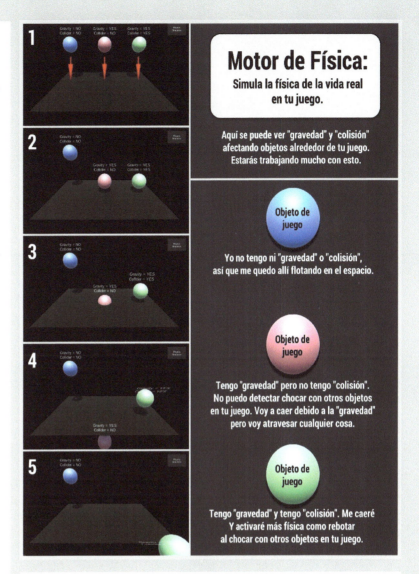

CryEngine

La tecnología principal de este motor está incorporada en el motor de juego propio de Amazon, "**Lumberyard**", que es gratuito. CryEngine también es gratis, funciona con un sistema de donación sin mínimo de cantidad. Puedes encontrar más información en su página web.

Paso 3

Hay muchos lugares en la web donde tienen arte y sonidos gratis para ayudarte en tus comienzos. La mayoría son de desarrolladores de videojuegos los publican para esos mismos propósitos, como Freesound.org para sonidos y Opengameart.org para el arte. Estos lugares fueron creados para acelerar el flujo de trabajo o simplemente para experimentar. Siempre hay que verificar los derechos de autor y licencias de cualquier archivo que utilices, pero en su mayoría son gratuitos. Existen muchos tipos de artes utilizadas en los videojuegos, desde el arte de píxeles hasta el arte de voxel.

Al entrar en el arte de los juegos, aprenderás acerca de las hojas sprite 2D y cómo funcionan. Podrás identificar diferentes estilos de arte 2D desde arte de píxeles a arte vectorial que parecen que las imágenes no pierden detalles cuando se le hace acercamiento. Algunos son sólo estilos de arte creativos como voxels en modelos 3D.

Paso 4

¡Aquí está, el paso más importante de todos! ¡Comienza un juego simple y Finalízalo!. Suena tan sencillo, ¿verdad ? Existen muchos tutoriales de cada motor de juego que puedes utilizar y te ayudarán a entender la mecánica detrás de diferentes tipos de juegos, desde 2D, 3D, VR e incluso juegos en línea de múltiples jugadores. Puedes probar diferentes tipos de géneros en el siguiente juego. El tipo de género influye en gran medida el tipo de estructura que tendrás que configurar como programador. Trabajarás con materiales, texturas, shaders, partículas en muchos tutoriales y podrás usar algunos modelos 3D también. Aprenderás todo el proceso que lleva hacer un videojuego, por qué el último 10% del proceso de desarrollo toma tanto tiempo o incluso más que el primer 90%, tendrás una imagen más clara de lo que quieres y en qué parte del desarrollo estás más interesado. Este camino no te ubica tratando tantas cosas y al final te termine gustando lo último que experimentaste, cuando pudiste haber tenido una mejor idea desde un principio.

La escala de tu juego es muy importante. Muchos principiantes eligen comenzar con el género RPG sin tener idea cuánto trabajo requiere hacer el más simple de los juegos. He visto a los desarrolladores con experiencia abandonar un proyecto en el que han estado trabajando durante un año, porque la escala del juego era demasiado grande.

Todos necesitamos ayuda, con todo y que aprenderás bastante con los tutoriales y las cosas empiecen a fluir te encontrarás en el famoso callejón sin salida muchas, muchas veces. No esperes recibir ayuda pidiendo el código que resuelve el problema en estas páginas web populares. Primero, intenta todo lo que puedas paso a paso, demuestra todo lo que has intentado antes de preguntar. Si ven que has intentado resolver el problema lo mejor que puedas, prácticamente te dan el código, pero si estás esperando a alguien que te escriba el código sin siquiera tratar o incluso sin revisar la documentación de tu motor de juego no recibirás ayuda.

Y recuerda siempre, las personas que hicieron el juego que tanto deseas poder hacer, estuvieron una vez en tus zapatos :)

Resultados Encuesta de Salarios 2017
Por: Jaime Olmo y Alfredo Alvarez

El tema de los salarios en la industria del desarrollo de software se ha convertido en tema recurrente en estos tiempos de estrechez económica. No es un misterio que en muchas ocasiones los salarios ofrecidos por compañías tienden a ser inexactos y basados en expectativas erróneas. Puerto Rico no es la excepción en esta tendencia global. Al momento no existe un registro que muestra la realidad salarial de nuestra industria.

Por segundo año consecutivo el Grupo de Programadores Puerto Rico se ha dado a la tarea de colectar la data para crear un perfil claro de la situación salarial en la industria del desarrollo del software y de tecnología. Nuestra intención es poder tener herramientas, basada en data irrefutable, que esté disponible a todo público con el fin de poder identificar certeramente cuál es nuestro valor en el mercado. Compañías y patronos en Puerto Rico, especialmente las empresas que contratan nuestros servicios se deben alinear a la realidad si se desea crear una industria de desarrollo de software y tecnología estable y competitiva.

Información Geográfica

Comparación de participación basada en localización entre año 2016 y 2017

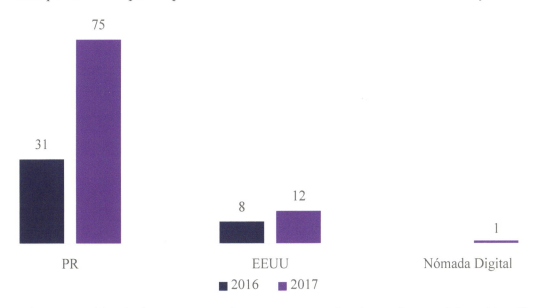

Vimos que la recepción de la encuesta fue mayor en términos de participación. Entre los participantes en Puerto Rico hubo un aumento de 141.94% mientras entre los participantes en Estados Unidos hubo un aumento de 50.00%. Obtuvimos más del doble de participantes que el año anterior para un aumento de 125.64%. También se añadió por vez primera la categoría de nómada digital que asumimos trabaja donde está viajando. En resumen, la participación de miembros que vive y laboran en PR se disparó significativamente, pero en cambio la participación de miembros que laboran en EEUU fue bastante discreta. Un dato curioso contando el momento histórico por el cual nuestro país está atravesando en términos de migración.

Salarios

Division porcentual de salarios comparado con el año 2016

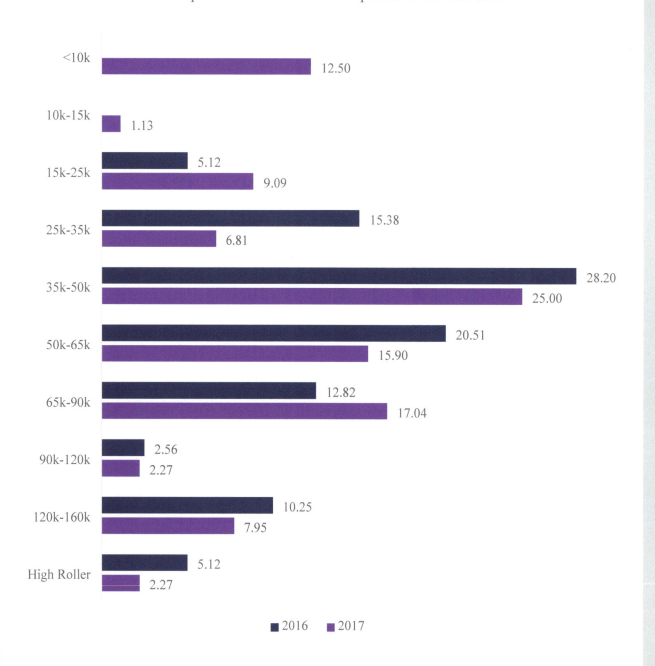

Rango	2016	2017
<10k		12.50
10k-15k		1.13
15k-25k	5.12	9.09
25k-35k	15.38	6.81
35k-50k	28.20	25.00
50k-65k	20.51	15.90
65k-90k	12.82	17.04
90k-120k	2.56	2.27
120k-160k	10.25	7.95
High Roller	5.12	2.27

■ 2016 ■ 2017

Podemos ver en la data que la gran mayor parte del grupo se encuentra entre rango de los $35k - $90k que es una escala bastante amplia con un pico local en $35k - $50k. La cantidad de gente ganando menos de $25k y trabajando en el campo aumentó significativamente y vale la pena investigar si son personas trabajando full time o si es "trabajos secundarios".

Información de salarios segmentada por país

Puerto Rico

Distribución de salarios en Puerto Rico comparado con el año 2016

En esta división se puede ver que el crecimiento de la encuesta fue mayormente en la gente local de la isla con un aumento de 141.94% comparado con el año anterior. Un factor que hay que investigar más a fondo es la cantidad que ha incrementado en la parte inferior de la escala con el 14.67% de personas devengando un salario por debajo de los $10k. Esto inicialmente se puede tomar de dos formas diferente: 1. Hay más gente "novata" entrando en la industria o personas programando como "part-time". 2. Hay una cantidad de programadores en la isla tratando de competir usando precios bajos. Tendencia que habría que investigar más afondo.

En las buenas noticias vimos crecimiento en la escala tradicional de los $35k - $50k y entre los dos grupos superiores tenemos más personas haciendo la encuesta con salarios sobre los $50k. Lo que nos dice que el ecosistema está madurando.

Aunque la muestra de la encuesta creció bastante necesitamos más puntos de data para poder aumentar la resolución de la data.

Estados Unidos

Distribución de salarios en Estados Unidos comparado con el año 2016

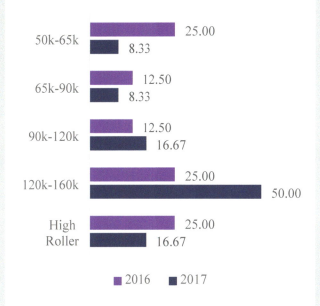

Aunque la cantidad de data recopilada en este renglón no es significativa podemos destacar que salarios por debajo de los $35k son escasos. En encuestas realizadas por compañías como Robert Half Technology y Hired.com no existen posiciones que ofrezcan salarios por debajo de los $35k.

Danos tu Opinión

http://geni.us/magfeedback

Panorama entre los municipios de la isla

Distribución de participación por municipio

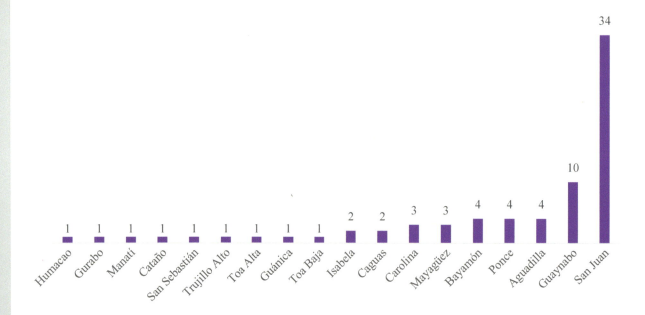

Distribución de salarios entre los cinco municipios de mayor participación

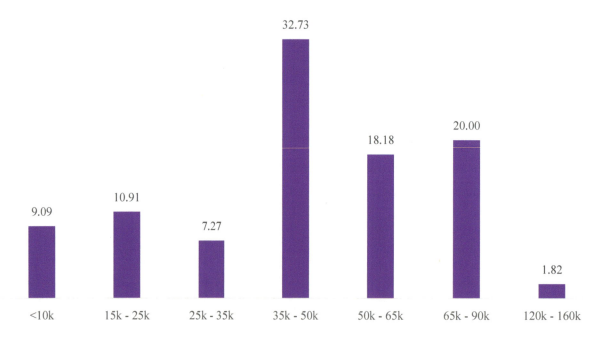

En esta ocasión queda una vez más demostrado que cerca del 30% de los participantes de la encuesta devenga un salario entre los $35k - $65k.

Competencia

Por competencia lo definimos como la capacidad de desempeñar efectivamente una actividad de trabajo movilizando los conocimientos, habilidades, destrezas y comprensión necesarios para lograr los objetivos que tal actividad supone.

Frontend
16% de los participantes se consideran Frontend Developer.

Rango de salario promedio

<$10K - $25K

EL RANGO DE SALARIO PARA UN FRONTEND WEB DEVELOPER EN ESTADOS UNIDOS ES $77K - $102K

Backend
12% de los participantes se considera Backend Developer.

Rango de salario promedio

$35k - $65k

Fullstack
Rango de salario promedio

$35K - $50K

51%

de los participantes en Puerto Rico se consideran Fullstack Developer

Extras

61%

de los participantes que trabajan en Puerto Rico tienen la oportunidad de trabajar remoto.

37%

de los participantes reportó no recibir algún tipo de beneficio.

Conclusión

Con esta nuestra segunda muestra anual empezamos a crear un mapa de como se ve el campo de la programación en aspecto geográfico vs salario. Vale destacar que necesitamos mejorar la muestra para mejorar la calidad de la data, pero en Puerto Rico el crecimiento de la encuesta ha sido significativo. Hay varias áreas de oportunidad como por ejemplo incluir la edad y el género. Detalles que estaremos capturando para la próxima iteración.

En cuanto comparando los salarios en la isla tenemos gente en todas las escalas con la mayor concentración en la escala de $35k - $50k. Si miramos la data de pueblos más cerca la mayoría de estos están en San Juan, Bayamón o Guaynabo.

En Estados unidos vemos que la escala empieza en $50k y que la concentración mayor esta en $120k - $160k. Si se mira la data de manera más cerca vemos que la mayoría de estos salarios están en la región de california.

Mi primer internado gracias al "networking"

Por: Manuel Messon-Roque / mm-i@geni.us

Luego de haber trabajado como contratistas en varias agencias de programación y publicidad por un tiempo haciendo páginas de internet y usando las mismas prácticas de siempre y básicamente modificando sistemas de "CMS" como wordpress o paginas sumamente básicas excepto uno que otro proyecto interesante, llegó un momento en el cual sentía que dentro de mi carrera como programador no estaba creciendo, sino que estaba estancado, quería mas. Fue por esta razón que decidí comenzar a hacer "networking" y así encontré un grupo de programadores de Puerto Rico, al cual rápidamente me uní. A través de este grupo conocí a Alfredo Álvarez quien, a su vez, Alfredo estaba buscando un "front end developer" para un proyecto en el que estaba trabajando para un cliente sobre un start up que estaba próximo a lanzarse. Alfredo me presentó la oportunidad de trabajar con su cliente me explicó qué sería lo que tendría que hacer que era rediseñar todo el front end y el UX/UI y rápidamente comencé a hacer el trabajo. Alfredo quedó satisfecho con mi trabajo y luego de una manera inesperada me dijo: "Deseas hacer un internado con nosotros?" refiriéndose a la compañía donde trabaja. A poco menos de un mes recibí la oferta de internado (con paga) remoto en Geniuslink, la compañía donde trabaja en Seattle, Washington.

Durante el internado tuve la oportunidad de aprender y crecer en diversas áreas. Por ejemplo, aprendí cómo realmente se trabaja en grupo (algo muy importante en el mundo de programación) y también fui expuesto a muchos problemas de programación y retos con los cuales nunca antes me había enfrentado en mi vida. Esto precisamente era lo que buscaba para seguir progresando como programador. Durante mi internado, desarrollé un "chrome extension" utilizando el RESTAPI de Geniuslink, este producto permite utilizar mucho más rápido el servicio de Geniuslink básicamente haciendo lo mismo que se hace desde su página principal, pero sin tener que acceder directamente a ella, en otras palabras, el usuario de esta extensión se ahorra

muchísimo tiempo utilizando la extensión. El cual ahora mismo es utilizado por muchos usuarios del servicio. También desarrollé un sistema de testing usando la técnica de "integration testing" para probar el API de Geniuslink, este programa básicamente testea los "end points" automáticamente para verificar que no haya nada roto durante los cambios que se hacen en la aplicación, este programa a logrado ayudar a conseguir bugs antes de que nuevos cambios salgan a producción y encontró varios bugs que fueron solucionado luego. Otra vez el internado retándome a exponerme a desarrollar programas con los cuales nunca había trabajado y sacándome del hoyo en el que me encontraba. Además, aprendí a usar herramientas de colaboración como git, el cual anteriormente solo sabía usar para mí mismo, ya que nunca había tenido la oportunidad de hacerlo en grupo con un producto real, lo cual es muy distinto cuando lo estás haciendo solo y te acostumbras a un workflow más profesional.

Una de las mejores decisiones que puede tomar un estudiante de Universidad, escuela o alguien que está aprendiendo por cuenta propia, es comenzar a hacer networking, conocer la comunidad de programadores en donde uno esta, esto puede ser asistiendo a eventos o simplemente entrando a grupos de facebook o slack y participando. Esto, aunque seguramente uno lo escucha muchas veces durante el transcurso de su vida uno no necesariamente entiende lo importante que es hacer networking. Gracias a unirme al grupos de Programadores de Puerto Rico, conseguí el internado remoto con Geniuslink y ahora me encuentro en un Segundo internado de seis meses con ellos y continuo mejorando como programador cada día.

Como se crean programas de baja calidad

Por: Pablo Tirado / http://pryelluw.com
Twitter y Snapchat: @pryelluw

Una lista de lo que he aprendido produciendo software con diferentes equipos.

He trabajado en muchos proyectos de software diferentes. Algunos exitosos y otros no. Resulta que los proyectos malos de software tienen características similares. Estos son algunos de los que he podido identificar al pasar de los años:

Liderazgo técnico pobre

El caos y la mala toma de decisiones no se traducen en calidad. Un buen software no pasa por suerte. Es el resultado de la organización y la toma de decisiones basadas en hechos.

El liderazgo también establece los hábitos para el resto del equipo. La gente aprende, por ejemplo. Los líderes técnicos efectivos dan el ejemplo a seguir.

Responsabilidades indefinidas

La gente necesita saber lo que tienen que hacer. Cuáles son sus responsabilidades básicas. De lo contrario, apuntan los dedos y se acusan mutuamente cuando las cosas fallan. Es importante que les demos la oportunidad para hacer grandes cosas. La manera de lograrlo es darles oportunidades que tengan sus expectativas definidas.

No hay Pruebas

Hay una cantidad sorprendentemente de software que se está escribiendo sin ningún tipo de pruebas. Ninguna prueba de unidad un de integración. Ni siquiera "works in my box". El código se escribe (o copiado de la web), compila y se lanza. He visto que las empresas fracasan debido a un producto con calidad abismal, que es el resultado de ninguna prueba.

No hay voluntad para adiestramientos

No podemos esperar que todo el mundo lo sepa todo y estar al día con cada tecnología, la formación es esencial.

Un equipo de desarrolladores que no se capacita sólo crece a la tasa de la persona menos entrenada. Si usted paga miles de dólares al mes por un desarrollador, vale la pena tomar una hora o dos al mes y entrenarlos en algún tema técnico. Sea pruebas, codificación, un nuevo lenguaje, un nuevo paradigma, etc.

Creo que los entornos que no promueven el entrenamiento provienen de la actitud corporativa de no invertir en su gente. Parecen temer que la gente salga para mejores trabajos una vez que adquieren nuevas habilidades. Lo que sucede, pero en mi experiencia, no es tan grande tema como lo hacen parecer. No entrenar alguien por miedo a que salgan es igual a no caer en el amor por miedo a ser herido. Los proyectos "Open source" también deben capacitar a los contribuyentes, ya sea en forma de documentación, un video o cualquier otro artefacto que funcione. Si usted entrena a sus colaboradores crecerán y producirán código mejor. El escenario es ganar-ganar para ambos lados Sólo he visto un pequeño subconjunto de proyectos de código abierto que entrenan a la gente. No es casualidad que estos proyectos también son exitosos.

Miembros Tóxicos

Algunas personas son buenas en escribir código, pero no tienen destrezas de tratar con la gente. El software es hecho por personas para personas. Usted tiene que asegurarse de que los miembros tóxicos se manejan adecuadamente. A veces las personas se vuelven tóxicas porque el liderazgo es pobre (tema # 1). Mucha gente tóxica solo está "burned out". Tratar con ellos es un tema complicado, pero ser capaz de identificar un miembro tóxico es suficiente para mejorar las condiciones de los afectados.

Enfoque en objetivos de corto plazo

Empujar código sin pruebas para resolver un "caso de esquina" suena como una gran idea en este momento, pero los desarrolladores deben mirar el panorama más amplio. Usted podría haber dado el OK a otros para hacer lo mismo en una escala más grande. ¿Alguna vez has trabajado en un proyecto que tenía pruebas, pero ahora no? Adivina cómo sucedió.

¿Qué pasa si su proyecto tiene uno o más de estos rasgos? No entre en pánico. Se puede arreglar. Lo importante es entender es que el software de poca calidad es un resultado de las cosas bajo nuestro control. Sabiendo y aceptando que se puede mejorar las cosas es el primer paso a darle la vuelta a un buen camino a su proyecto.

PM: ¿Manejo de Proyectos? ¿Programas? ¿Productos?
Por: Laura Cruz(laura.maray@live.com)

¿Pregúntele a alguien en la industria del software 'Que es un PM?' y recibirá una multitud de respuestas. ¡Puede recibir una respuesta jocosa como "Es el que nos compra pizza cuando trabajamos tarde!", hasta algo como "Es el que compone la visión y planifica proyectos de nuestro producto." En este artículo comparto como diferenció entre tres tipos de "PM"s y mi sentir sobre las destrezas que todos los PMs efectivos comparten.

Project Manager (Manejador de Proyectos) - Esto es una posición y a la vez una destreza (manejo de proyectos). La destreza puede existir - y es recomendada- para cualquier persona trabajando como PM. Hay proyectos para manejar en cualquier industria: desde la creación de software, a la construcción de edificios, a la planificación de eventos. No importa el proyecto, el "Project Manager" es responsable por mantener un calendario de actividades, asegurarse que estas actividades ocurren, obtener información de progreso y comunicar con tiempo el estado del proyecto.

Product Manager (Manejador de Producto) - Las personas con en esta posición se ocupan en manejar la trayectoria de un producto. La mayoría de sus conversaciones ocurren con equipos en liderazgo y negocios. El "Product Manager" debe saber y comunicar el plan (roadmap) para un producto, tener requisitos y prioridades para cada proyecto. El Product Manager comunica requisitos para el presente mientras mantiene la mirada en el futuro del producto y en las tendencias de la industria. El Product Manager a menudo trabaja con el equipo de mercadeo para asegurarse que el producto es promocionado de acuerdo a la visión del grupo.

Program Manager (Manejador de Programa)- En este caso "program" se refiere a un "programa" de funcionalidad dentro de un producto. Este puede ser el producto completo o parte de su funcionalidad.

Este título lo encuentro el más ambiguo de todos y su definición depende de la compañía y la industria en la que se encuentra. Muchas veces a este se le añade el título de "Technical " si es que el/la "PM" trabajará junto a equipos técnicos. El Program Manager es a menudo la interface entre el equipo de negocio y el equipo técnico. Necesitan la habilidad de comprender y comunicar los requisitos del negocio y a la vez las limitaciones y posibilidades técnicas. El Program Manager debe asegurarse de identificar y remover bloqueos, dudas o conflictos de prioridad que existan en el equipo de trabajo.

En estas tres posiciones reinan las destrezas de:

- Comunicación - Cualquiera de estos tres "PM"s debe tener la habilidad de comunicar ideas verbalmente y por escrito.
- Manejo de Tiempo - Todo PM debe tener la habilidad de manejar su propio tiempo para así balancear una multitud de prioridades.
- Comprensión del proyecto - Comprender el propósito del proyecto (¿A quién ayuda? ¿Quién lo requiere?) es clave para así poder comprender como se llevará a cabo la implementación (¿Cuánto trabajo queda por hacer? ¿Cuál requisito es de mayor prioridad?).

Estas no son las únicas versiones de "PM" con las que se puede topar en la industria del software. Si conoce a alguien que se solo presenta como "PM", vale pedir la aclaración. Dependiendo del enfoque del PM, su relación profesional con esta persona puede variar. Si solicita trabajo como uno de estos PMs, pregunte por ejemplos concretos sobre las tareas de la posición. La respuesta puede que le sorprenda. Si está reclutando y necesita un "PM", piense bien en cuáles son las destrezas necesarias para su equipo y sea claro en la descripción del puesto.

La variedad que existe en entre los diferentes tipos de PMs demuestra la flexibilidad entre estos puestos. En mis 9 años trabajando como Technical Program Manager he podido también certificarme como Profesional en Manejo de Proyectos (PMP), hacer videos promocionales con equipos de mercadeo y sobre todo disfrutar el delicado balance de vivir entre el mundo de negocios y el mundo del código.

HELLO OPEN SOURCE

Por:Jaime Olmo /
http://www.jaimeolmo.com

Es increíble el momentum que está experimentando el movimiento Open Source Software en la industria del desarrollo de software. Vemos como los principales nombres de la industria, lanzan proyectos en donde gente como tú y yo podemos colaborar. Con el OSS no solo podemos ver el código fuente sino también podemos sugerir y aportar modificaciones al mismo. Podemos crear una gran lista de pro vs cons de este mover, pero la evidencia apunta a que el beneficio mayormente es positivo tanto para los dueños de los proyectos como para nosotros los usuarios.

La intención de esta nota es alentarte a que aproveches esta oportunidad que nos brinda la industria. No toda industria posee este tipo de flexibilidad colaborativa. Sin duda es grandioso ser un desarrollador de software. Veamos cómo podemos empezar.

Explora las opciones

Es muy seguro que en algún momento hayas escuchado de Github. Como todos sabemos, Github no es meramente un lugar para subir repositorios de nuestros proyectos. Github es una plataforma colaborativa para construir software, manejar documentación, issues, bugs etc. El componente social que ofrece esta plataforma es crucial a la hora de explorar las opciones disponibles para comenzar a colaborar en proyectos de OSS. La sección de Explore es un buen punto de partida para navegar los diferentes proyectos disponibles. Esta sección muestras los proyectos por orden de popularidad.

Otra forma es preguntar a algún compañero o amigo que ya se encuentre trabajando en algún proyecto. Siendo esta una de las maneras más rápidas de poder agarrarle el paso a cómo se trabaja bajo esta mentalidad. Quién sabe si a lo mejor junto a tu amigo ambos puedan crear algún proyecto que se convierta en pieza integral para otro proyecto.

Organiza tu tiempo

Una vez hayas identificado algún proyecto de interés define cuánto tiempo estarás dedicándole al mismo. 1 hora a la semana, 2 días, solo los weekends, la cantidad no es importante en este momento, lo que importa es el compromiso de colaborar al proyecto y la calidad con la que manejes ese tiempo que has separado. Recuerda que tu tiempo es muy valioso y solo tú tienes el control de cómo administrarlo. Trata de trazarte una meta y comprométete a lograrla. El éxito muchas veces se logra, además de por el manejo inteligente del tiempo, por el compromiso que emprendas.

Empieza por lo básico

Trata de ver si el proyecto tiene algún tipo de guía para los colaboradores. Por ejemplo, Bower maneja las tareas de los contribuidores a través de un Wiki en el repositorio principal. Empápate de cualquier otra guía o documento disponible. Si el proyecto es de una sola persona trata de comunicarte con el autor y comparte tu intención de colaborar.

Colabora

Trata aportar al proyecto, aunque sea alguna corrección a la documentación. Cualquier ayuda es buena. No te frustres si en algún momento rechazan tu Pull Request. Siempre busca la manera de poder cumplir y entender cómo es el proceso antes de someter algún cambio. Estudia cómo se ha desarrollado el trabajo, qué patrones de diseño siguen. Observa qué metodologías y paradigmas usan para resolver los problemas que enfrenta el proyecto o la herramienta. Mientras más rápido logres entender la base más rápida podrás aportar tu grano de arena.

Open Source como el futuro

Mucho de lo que aprenderás posiblemente lo utilices en tu próximo trabajo. O quién sabe si esa idea que tanto estás pensando sea tu próximo proyecto estrella. El movimiento OSS está cambiando la percepción de cómo desarrollar y escribir software. El OSS ya no es un privilegio accesible para unos pocos, actualmente compañías privadas y gobiernos están apostando fuertemente a esta iniciativa y método de trabajo. Hay tanto por aprender, así que di Hello al Open Source.

Creando ambientes inclusivos

Por: Xiomara Figueroa / figueroaxiomara7@gmail.com

Contexto fuera de Puerto Rico

Para mí, hablar de diversidad e inclusión en Puerto Rico es un poco retante, pues no hemos hecho mucho progreso en la conversación. En Estados Unidos, por ejemplo, para bien o para mal, los titulares sobre minorías, personas de color y mujeres en tecnología han aparecido en todas partes estos últimos años. Historias personales de marginalización y acoso, salarios desproporcionados, historias sobre discrimen y micro agresiones son algunos ejemplos de lo que ha salido a la superficie. Esta situación ha creado una generación de aliados que se sienten ofendidos por las desigualdades, y algunos hasta están determinados a ayudar a resolver el problema. Independientemente de la obvia negatividad en estas historias, es bueno que estén saliendo a la luz, creando así conciencia en nuestra comunidad, y más importante aún, comenzando un diálogo abierto sobre lo que está pasando.

Además de estas historias, existe otra parte del problema que es incluso más difícil de discutir y entender, y es cuando la exclusión y marginalización son tan sutiles que son casi imperceptibles desde la superficie. La mayoría de estas situaciones no son un problema hasta que nos afectan directamente. Sin embargo, es importante que hagamos un esfuerzo por entender, para ser capaces de identificar qué podemos hacer para fortalecer nuestra comunidad aquí y fuera de la isla.

¿Cómo es esto relevante para nosotros en Puerto Rico?

Diversidad e inclusión son ganancias para todo negocio. No sólo ayuda a los negocios a tener una visión completa de su mercado y producto, sino que también crea un ambiente de trabajo y colaboración más saludable y promueve innovación. Y así como la tecnología es el futuro de la economía de Estados Unidos, también lo son la representación minoritaria, latinos y gente de color. Eso significa que la representación de minorías en tecnología no sólo asegura una sociedad saludable, sino que asegura también el bienestar de la misma, económicamente.[1] Para nosotros en Puerto Rico, esto es muy relevante y significa que necesitamos asegurarnos de que jugamos un rol importante en la creación de espacios inclusivos y que estamos tomando ventaja de cada talento que tenemos disponible, pues la tecnología le está dando forma a nuestro mundo y creando nuestras interacciones futuras.

¿Cuál es el panorama en Puerto Rico?

Después de dos años de haber fundado Include Girls, una organización para estudiantes féminas y principiantes en tecnología, he aprendido mucho sobre la comunidad de estudiantes en Puerto Rico, dentro y fuera de nuestro campo. Como organización, hemos identificado distintas áreas que entendíamos que requerían atención y acciones concretas. Entre ellas, la falta de educación tecnológica a nivel de escuela superior y un espacio para que estudiantes féminas y principiantes se sintieran bienvenidos. El enfoque ha sido mayormente dirigido a los estudiantes, pero siempre hemos entendido que la industria también se beneficiaría de tener un campo más diverso e inclusivo, de todas las formas posibles. Ahora bien, la realidad es que no tenemos medidas concretas sobre cómo la industria local se ha podido beneficiar de éstos y otros esfuerzos de atraer e interesar a más personas al campo de la tecnología.

De igual manera, debemos entender mejor nuestra oferta y demanda local y nuestra demografía en distintas áreas: género, estatus social, nivel de educación, edad, entre otras cosas relevantes para nosotros, localmente. Para comenzar la conversación en estos temas, quisimos entender la demografía de las mujeres en posiciones técnicas, y creamos una encuesta que nos permite tener una idea inicial. Recolectamos información de 30 mujeres que han trabajado en Puerto Rico en algún momento de sus carreras y éste fue el resultado.

PUERTO RICO WOMEN IN TECH STATUS

We surveyed a group of 30 women in order to gather information to answer key questions about the demographics of women in the technology field, based in Puerto Rico, on professional roles.

WOMEN IN TECHNOLOGY COMPANIES

Diversity and inclusion is important, tech companies could benefit from female perspective.

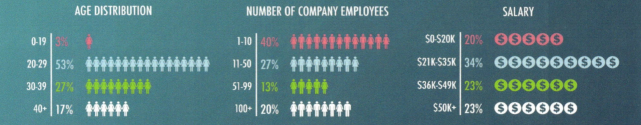

AGE DISTRIBUTION		NUMBER OF COMPANY EMPLOYEES		SALARY	
0-19	3%	1-10	40%	$0-$20K	20%
20-29	53%	11-50	27%	$21K-$35K	34%
30-39	27%	51-99	13%	$36K-$49K	23%
40+	17%	100+	20%	$50K+	23%

EDUCATION AND EXPERIENCE

Although the number of female engineers improved since the early 1980s, it's still surprisingly low. In the College of Engineering at UPRM 36% of students are female and 45% of graduates were female. (2015-2016)

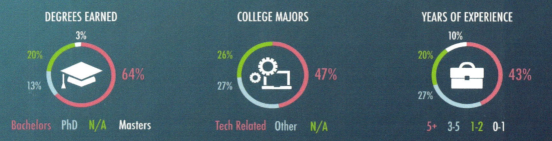

DEGREES EARNED
3%
20%
13%
64%
Bachelors   PhD   N/A   Masters

COLLEGE MAJORS
26%
27%
47%
Tech Related   Other   N/A

YEARS OF EXPERIENCE
10%
20%
27%
43%
5+   3-5   1-2   0-1

WORKING IN PUERTO RICO

As part of its new economic development plan, Puerto Rican officials are looking to technology and entrepreneurship to revitalize the economy.

LIVES IN PR 93%
WORKED IN PR BEFORE 77%
WORKS IN PR 67%
WORKED OUT OF PR 37%

SOCIAL ENCOURAGEMENT

Social encouragement is the factor most likely to encourage girls to pursue a career in Tech.

3 out of 5
Women felt they had role models

4 out of 5
Women had mentors in the tech community

5 out of 6
Women had mentors in their company

NUMBER OF FEMALE COWORKERS
44% None
50% 1-5
6% 10 +

asme.org   engineering.uprm.edu   russellreynolds.com   techcrunch.com   usnews.com

Grafica provista por: lincy.ayala@gmail.com *o*
en Instagram: https://www.instagram.com/lincy_ay/

Pero, diversidad no es un problema sólo de mujeres

Es una realidad que siempre seremos más receptivos a lo que nos representa directamente, por ejemplo en mi caso, que estoy más expuesta a conversaciones sobre mujeres y/o latinos en el campo de la tecnología, por obvias razones. Sin embargo, es importante entender que diversidad no es un problema sólo de mujeres, sino que es un problema de la industria entera y debe ser tratado como eso. Debemos promover ambientes inclusivos a una audiencia más amplia.

¡Con la boca es un mamey! Crear espacios inclusivos no es trivial. ¿Cómo sabemos que estamos siendo del todo inclusivos y que no estamos dejando personas fuera de la imagen? La realidad es que no existe una receta o una respuesta concreta. Mirémoslo, por ejemplo, como si fuera un "hack". No necesariamente sabemos si es la solución perfecta (probablemente no lo es) pero puede acercarnos a una solución aceptable y siempre podemos iterar para mejorarlo. Con esa intención, aquí les incluyo una compilación de conceptos que he aprendido estando expuesta a conversaciones sobre inclusión, y pienso que debemos prestarle atención e incluirlos en nuestras rutinas como personas activas en una comunidad de tecnología.

Pasos para construir una comunidad inclusiva

1. **Compartir historias:** Se necesitan muchas conversaciones incómodas para poder hacer progreso en este espacio. No deberíamos cambiar la manera en que nos comportamos, nuestras costumbres, pasatiempos o cultura para dar la impresión de que encajamos en un molde. Si estás en esta posición, deberías hablar sobre ello. Las historias construyen un patrón y los patrones apuntan a una tendencia. La aguja se mueve cuando la gente se siente incómoda por los hechos y las historias.

2. **Proveer espacios para diálogos abiertos:** Diálogo significativo, abierto y honesto debe promover la interconectividad entre todos los involucrados. Debemos promover ambientes de anti-discriminación e inclusión a una audiencia más amplia, no sólo a mujeres o minorías, siempre que tengamos la oportunidad de hacerlo.

3. **Cuida tus palabras:** Pareciera que no es un problema grande, pero las palabras son importantes y las narrativas que nosotros creamos penetran profundo en nuestra psiquis y, al final del día, crea el ambiente en el que nos rodeamos.

4. **Aptitud sobre actitud**: En tecnología y otros campos normalmente dominados por hombres, tendemos a sobrevalorar en actitud (la forma de proyectarse y enfrentar situaciones) sobre aptitud (la habilidad que se tiene para lograr algo). No hay duda de que una buena actitud es algo positivo e incluso necesario. Sin embargo, en ocasiones pudiera lidiar a un desempeño no deseado y priorizar sobre habilidades que no necesariamente quieres atraer. Asegúrate de entender lo que estás tratando de traer al equipo o comunidad y procura darle peso a lo que realmente es relevante.

5. **Entiende tus propios prejuicios**: Si vas a olvidar el resto de este escrito, lo entiendo sin resentimientos, pero por favor, llévate una cosa. Los prejuicios son, en primer lugar, una de las razones por las que estamos en esta situación. Nosotros actuamos y reaccionamos basado en nuestra historia, conocimiento y crianza y hay veces que tendemos a responder con un "siempre ha sido así". Empieza a hacer preguntas sobre las decisiones que otros toman que te afectan a ti o a tu entorno, y comienza a cuestionarte también tus propias opiniones. La única variable que definitivamente puedes controlar eres tú.

6. **Medir progreso:** No es preciso mirar a mujeres en posiciones de poder como indicador de progreso en inclusividad. Ser inclusivos significa crear un espacio en donde no tengas que constantemente probar que perteneces. Hacer valer las opiniones y perspectivas de alguien que no estaba siendo contado, es un paso en la dirección correcta.

7. **Desarrolla mayor empatía:** Desarrollar un mejor conocimiento sobre diferentes experiencias de vida y perspectivas te expone a nuevas ideas y posibles soluciones. Trata de ponerte en el zapato de otro, sal de tu zona cómoda y reta lo que siempre has visto como la norma. Tu empatía te hará ser una mejor persona y un mejor profesional.

8. **Escucha y sé receptivo al diálogo:** Nuevamente, toma mucho valor comenzar una conversación sobre algo que te incomoda o a en contra de tus valores. Si estás en la posición de escuchar, hazlo. Mejor aún, pon en práctica los puntos anteriores. Se requiere de muchas personas para crear una industria en donde todos podamos prosperar.

Si entiendes que falta algo en esta lista, por favor, hazlo parte de la conversación, tráelo a la mesa, compártelo, discútelo. La diversidad es una de nuestras fortalezas y debemos, no sólo aceptarlo, sino también canalizarlo a nuestro favor.

Referencias:
CODE2040, (2016, June 20). Diversity In Tech: What's the Deal?. Medium, Retrieved from https://medium.com/@Code2040/diversity-in-tech-whats-the-deal-398a02932057#.vnkp95der

Deseas publicar un artículo en la próxima edición aplica en http://geni.us/articlesubmit

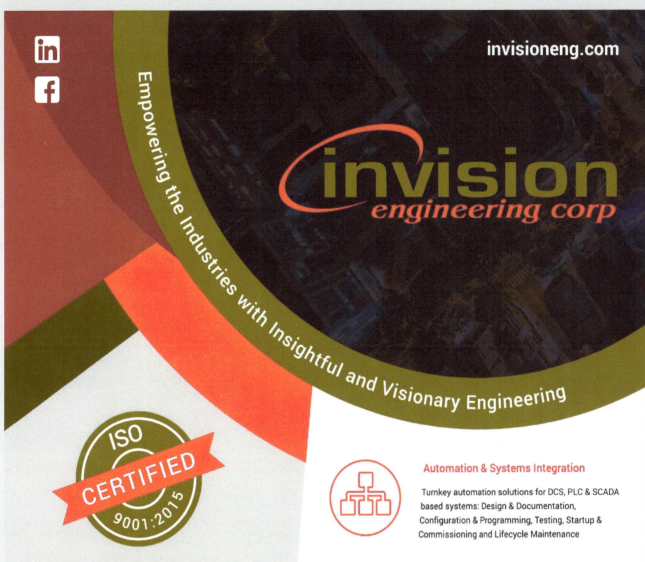

Escribiendo código eficiente para sistemas empotrados(embedded) en Arduino

Por: José E. Rullán

Presidente de Invision Engineering Corp y Co-Founder de MakerspacePR

Gracias a los "tool chains" de herramientas modernas y entornos de programación, la programación para sistemas "embedded" es muy parecida a la programación de una aplicación de desktop, móvil o web. Sin embargo, cada sistema tiene sus limitaciones y el ambiente más restringido para la programación probablemente son los sistemas "embedded". Los sistemas "embedded" son microcontroladores con muchos subsistemas auxiliares integrados en un solo "board". Por ejemplo, incluyen memorias internas y externas, puertos de comunicaciones y puertos de I/O para conectarse al mundo externo entre otras cosas.

Fig. 1 - Arduino Uno board

Las plataformas de desarrollo como el Arduino, son prolíficas hoy en día gracias en parte al movimiento "Maker". Específicamente, un Arduino es un sistema "embedded" desarrollado con programador menos técnico en mente. Arduinos, al igual que todos los otros sistemas "embedded", están fuertemente limitados en términos de memoria disponible, flash o RAM, velocidad y I/O de propósito general (GPIO). Así que para obtener lo mejor de ellos, debemos ser tan eficientes como sea posible al crear nuestro programa. En este artículo voy a compartir algunos consejos que he aprendido en el camino durante mis experiencias con Arduino, que podrían ayudarle a crear mejores programas.

Memoria

Uno de los aspectos más limitados de un sistema "embedded" es su memoria disponible. Normalmente, la memoria consta de dos tipos: flash y RAM. Flash es donde se almacena el programa de usuario, o firmware. Esta memoria está destinada a ser actualizada sólo unas pocas veces durante el desarrollo, pero una vez que se ha finalizado un proyecto, normalmente permanecerá inmutable a menos que se requiera una actualización.

El segundo tipo de memoria es RAM. RAM es donde las variables son creadas por el programa para almacenar valores. Este tipo de memoria no conserva la información al apagarse, pero se optimiza para la velocidad de acceso. RAM es un tipo mucho más limitado de memoria en términos de tamaño. Debido a estas características de ambos tipos de memoria en un sistema "embedded", debemos dar una consideración razonable a las deficiencias de cada uno para hacer el mejor uso de nuestros recursos.

Flash

- Usa menos líneas de código
- Usa librerías
- Acomoda tu código en clases
- Crea librerías

Al considerar las restricciones del tamaño del programa, nos centramos principalmente en el uso del código más eficiente. Es decir, el código que se traduce en el conjunto más pequeño de instrucciones que el microcontrolador tendrá que ejecutar. En un típico Arduino Uno, tenemos 32kB de memoria flash disponibles. Un "sketch" vacío consumirá alrededor de 444 bytes de flash y 9 bytes de RAM. Al agregar instrucciones a su código, ese número aumentará significativamente. Como ejemplo, el código básico y rudimentario para parpadear un LED, requiere 928 bytes (casi el doble que el utilizado por ningún programa en absoluto).

Sorprendentemente, para la mayoría de los proyectos, 32kB es un montón de espacio del programa. Sin embargo, puede no ser suficiente si intenta implementar un proyecto que requiere muchos datos, como manipular un GUI o analizar una señal analógica.

Aun así, queremos ser capaces de hacer nuestro código más pequeño, porque incluso para los proyectos aparentemente simples cuando se empieza a agregar dispositivos, las librerías de Arduino pueden comerse el flash muy rápido. Las librerías ofrecen la conveniencia de facilitar la integración de dispositivos externos que se comunican con Arduino o que requieren muchos pasos para configurar ciertos aspectos del microprocesador como la librería Servo. En mi experiencia, la mayoría de las librerías hacen uso de código muy optimizado para hacerlas más ligeras. Así que abogaré por usar las librerías tanto como sea posible.

Una de las ventajas del amplio uso de las librerías es que le ayuda a identificar patrones y refactorizar su código en clases. Incluso si la aplicación es pequeña, el uso de clases hará que su código se vea más limpio y más comprensible para futuras referencias. Una ventaja adicional del uso de clases es que se pueden crear rápidamente librerías para que puedan reutilizar en futuros proyectos. La construcción de una librería es un tema aparte, pero no es difícil en lo absoluto y la mayor parte del trabajo reside en la creación de sus clases.

RAM

- Identifica variables que no cambian y usa const
- Utiliza la variable del tamaño más pequeño posible
- Combina variable booleanas en un entero(int)

Optimizar el uso de RAM es difícil porque para hacerlo, a veces debe repensarse y refactorizar su código varias veces hasta que descubra una manera de utilizar menos variables en el RAM. Pero hay un par de consejos que, sin embargo, le ayudarán a hacer un buen uso del RAM disponible.

Variables Constantes

Identificar variables que nunca cambian. En su código de Arduino descubrirá que a veces es conveniente crear variables que no cambian sus valores, pero que todavía se utilizan en varios lugares del código. Es posible que estas variables no sean necesarias si sólo desea utilizar una referencia semánticamente útil a un valor específico del código. Si utiliza una variable no constante, se come la memoria RAM innecesariamente. En su lugar, utilice variables #define o const.

La tecnica #define se basa en la directiva preprocesador #define. Todo lo que hace es una búsqueda y reemplazo en el código para lo que usted definió en la directiva. Técnicamente, una variable creada por un #define se denomina macro. Utiliza macros como lo haría con cualquier otra variable. Cuando el compilador

descubre el macro, todo lo que hace es reemplazarlo con lo que usted lo definió.

La alternativa es usar el tipo const en la declaración de la variable. Una variable const sigue siendo una variable, pero los compiladores generalmente las reemplazan por su contenido. Efectivamente, termina siendo un valor literal y, como tal, no afecta el RAM disponible. Aunque cualquiera de estas dos técnicas reducirá la huella de memoria de su programa, el uso de una variable con el tipo const proporciona la ventaja adicional de la verificación de tipo, lo cual es útil al hacer "debugging".

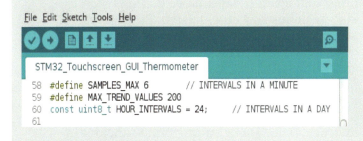

Variables de menor tamaño

Otro consejo es usar el tamaño más pequeño de las variables posibles. Dado que el Arduino es una arquitectura de 8 bits, la mayoría de las instrucciones procesan tipos de datos de 8 bits en un ciclo. Los tipos de datos de 8 bits en Arduino son uint8_t e int8_t. Estos son equivalentes a una variable char. Un int en la arquitectura de 8 bits es realmente un entero de 16 bits. Siempre debes intentar usar el tamaño más pequeño posible de la variable para preservar la memoria RAM que es muy valiosa. Por otro lado, si necesita varias variables de tipo booleano, podría ser mejor usar un uint8_t o un int para almacenar todos los booleanos como bits. Cada variable booleana toma 8 bits y está desperdiciando 7 bits de RAM por variable booleana.

Velocidad

- Usa el mínimo de líneas de código
- Evita usar delay()
- Usa delays que no bloqueen

La velocidad es una de las principales limitaciones en un Arduino. La mayoría de los Arduino están limitados por la velocidad de su procesador, que funciona a 16MHz. Eso significa que para la mayoría de las instrucciones solo puedes ejecutar 16 millones de ellas en un segundo. Desde el punto de vista de su programa, lo más probable desee aprovechar las más posibles para alcanza la máxima velocidad.

Programas Pequeños

La forma en que funciona un microcontrolador es ejecutando su programa continuamente en un ciclo. Así que la velocidad a la que el programa ejecuta depende de cuántas instrucciones hay en el mismo. Por ejemplo, si su programa sólo tiene una instrucción, entonces teóricamente todo su programa ejecutará @ 16MHz, la velocidad máxima del Arduino. Si su programa aumenta a dos instrucciones, entonces el programa se repite @ 8MHz, la mitad de la velocidad. Con 4 instrucciones, ahora su programa funcionará @ 4MHz. Esto ilustra que la única manera de aumentar la velocidad de su programa es mediante la creación de un programa más pequeño que se traduce en el menor número posible de instrucciones.

Evitando "Delays"

La otra consecuencia de la forma en que el programa se ejecuta en el microcontrolador, es que el CPU sólo puede ejecutar una instrucción a la vez. Si una instrucción tarda varios ciclos en completarse, no ocurre nada durante estos ciclos. Uno de los mayores culpables es el uso de retrasos con la instrucción delay (). Si

puede evitar el uso de retrasos, debe hacerlo. Un delay () de 1 segundo es igual a 16 millones de ciclos perdidos para el propósito de la ejecución de código. Hay, sin embargo, escenarios y aplicaciones que requieren el uso de retrasos. En esos casos, querrá utilizar un retraso sin bloqueo. Un contador de tiempos sin bloqueo es el que permite que el procesador sigue ejecutando otras instrucciones mientras está esperando. Debido a que el procesador sólo puede procesar una instrucción a la vez, y el contado no bloqueante debe esperar hasta que todas las demás instrucciones se completan para comprobar una vez más, se trata de un retraso optimista. Esto quiere decir, que no puede garantizar la exactitud de la demora, pero será en un área cercana a lo esperado.

```
1  long lastTime;
2  long ellapsedTime;
3  const unsigned int ONE_SECOND = 1000;
4
5  void setup() {
6    lastTime = millis();
7  }
8
9  void loop() {
10
11   ellapsedTime = millis() - lastTime;
12
13   if(ellapsedTime > ONE_SECOND)
14   {
15
16     /*
17      * here goes the code after the delay of One second
18      */
19
20     lastMillis = millis(); //reset timer
21   }
22 }
```

Esta es básicamente la implementación de todos los contadores sin bloqueo. El condicional espera hasta que el tiempo transcurrido sea mayor que el tiempo preestablecido para ejecutar el código "hacer algo", y vuelve a poner el contador de nuevo estableciendo lastTime. Si el tiempo transcurrido no ha alcanzado el valor preestablecido ONE_SECOND, entonces el procesador puede continuar trabajando en otras cosas hasta que vuelva al condicional.

Referencias:
http://playground.arduino.cc/Code/Timer

https://github.com/jrullan/neotimer

PyCaribbean 2017

Por: Edwin Martinez / tusoftwarepersonal@gmail.com

El evento de la comunidad de programadores de Python, PyCaribbean 2017, estuvo compuesta de muchas charlas interesantes. Desde temas importantes como el desarrollo de comunidades hasta talleres como el de arte generativo usando Processing.py, fueron de gran aceptación para todos los que participamos de esta grandiosa actividad. Se hizo sentir a todos como una familia, y de esto se trata, de unificar nuestra comunidad de desarrolladores y crear lazos que vayan más allá de los límites territoriales y barreras lingüísticas.

Cada día comenzó con un desayuno fraternal, donde hubo mucha camaradería. Los almuerzos estuvieron riquísimos. Gracias a todo el staff que se encargó de alimentarnos. PyCaribbean 2017 fue un evento de dos días realizado en las instalaciones de Engine-4, ubicado cerca de las inmediaciones del Complejo Deportivo Juan Ramón Loubriel en Bayamón. Gracias a los organizadores de este evento por poder llevar esta actividad al próximo nivel.

Como mencioné anteriormente, hubo una diversidad de charlas. De todas ellas, me enfoqué en unas específicamente. Encontré estas charlas de un gran valor para nosotros los desarrolladores y las comunidades tecnológicas. Esas charlas son: **Creando una comunidad para principiantes**, **Propiedad intelectual para programadores** y **Mercadeo para desarrolladores**. Además de estos temas que discutiré en breve, hubo temas que cubrieron diferentes herramientas de desarrollo, entre las cuales destacó Django. Django es un framework para el desarrollo de aplicaciones web escritas en Python. La página oficial de Django: https://djangoproject.com, donde encontrarás toda la información y documentación pertinente para el uso de este potente framework.

Todos, o al menos casi todos, sabemos el valor que una comunidad de desarrolladores puede aportar. Este es uno de los pilares en los que se basó la charla **Creando una comunidad para principiantes**. Cuando nos unimos a una comunidad, o a algún grupo, ese círculo de personas se transforma en una nueva familia. Hay personas de todos los niveles. Al principio puede ser un poco difícil adaptarse. Es ahí donde el líder de la comunidad debe acercarse a esa nueva persona y hacerle saber que puede contar con cada uno de ellos. Cuando creamos una comunidad, debemos tener presente estos cuatro puntos importantes: Cada persona debe aprender algo, incluye siempre a personas de todo nivel, pregunta por requerimientos y siempre pide opiniones o sugerencias.

De estos cuatro puntos, el preguntar por requerimientos y el pedir sugerencias y opiniones, nos ayudan a crear una comunidad fuerte, además de que nos permite ver un camino claro del rumbo que se está tomando. Las sugerencias y opiniones nos ayudan a mejorar lo establecido e inclusive nos permite poder ampliar más el camino que queremos tomar para que nuestra comunidad tenga un desarrollo y alcance efectivos.

Un tema muy interesante fue sobre la **Propiedad intelectual para desarrolladores**. Al igual que cuando escribes una novela, una canción o desarrollas un invento, la creación de un programa informático entra en el campo de propiedad intelectual. Tipos de propiedad intelectual son: derechos de autor, secretos comerciales, marcas, imagen propia y patentes. Si deseas patentar tu producto, éste debe ser único, útil y público. Aún el tema sobre patentes y propiedad dentro del campo informático contiene lagunas. Esto es debido a que nuestras creaciones normalmente son abstractas en su mayoría. Nosotros tenemos derecho a proteger nuestras creaciones, siempre y cuando sean innovadoras. Si queremos evitar problemas legales, siempre es bueno consultar a un abogado sobre el tema de propiedad intelectual.

La charla sobre **Mercadeo para desarrolladores** tocó puntos sobre herramientas y técnicas que debemos implementar a la hora de promocionar nuestros productos. Un punto importante que debemos tener siempre en mente es a qué mercado queremos enfocar nuestro producto. Una vez tengamos esto claro, podemos desarrollar una campaña de mercadeo agresiva para llevar nuestro producto a un nivel superior. Utilizar servicios de analíticas como Google Analytics, nos puede ayudar a fortalecer nuestro mercadeo, ya que es una forma de obtener números que nos dejarán saber si estamos haciendo un buen mercadeo y si debemos mejorar algo. Debemos publicar nuestro producto lo antes posible para poder comenzar nuestra campaña de mercadeo. Sin este paso, el mercado al que estamos enfocándonos, no sabrá sobre nuestro producto y estaríamos perdiendo una gran clientela.

En conclusión, fue un maravilloso evento lleno de sorpresas y mucha fraternidad. Debemos seguir incentivando este tipo de actividades. No importa tu lenguaje de preferencia o tus herramientas favoritas, pues al final todos somos desarrolladores y somos una gran comunidad global. Lo mejor es saber cómo resolver cada problema. Para poder ver las presentaciones, puedes visitar el siguiente enlace: http://bit.ly/pycaribbean_2017_vids. PyCaribbean, hasta la próxima...

Descubre libros creados
En Puerto Rico

http://puertoricopresenta.com

Te Esperamos

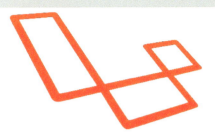

Una mirada al Laravel Framework

Por: Jorge Morales/morales2k@gmail.com

Más de 10 años trabajando con PHP, HTML, CSS y javascript, 6 de ellos en agencias de mercadeo digital en Puerto Rico. Trabajo a diario con Laravel desde hace ya aproximadamente un año.

En estos tiempos existe una cantidad extensa de herramientas para ayudar al programador a realizar su trabajo de diversas formas y lenguajes. En PHP, al igual que en otros lenguajes, esto ya es "ley". Por aquello de no reinventar la rueda, decidí explorar a Laravel, creado por Taylor Otwell (http://taylorotwell.com). Y en este artículo comparto mi experiencia.

Cuando comencé a trabajar con Laravel tuve la dificultad que muchos desarrolladores quizá han tenido en algún momento cuando comienzan a trabajar con un framework. Dominar ese "learning curve" intenso que casi te hace ver la tarea como algo imposible nunca es tarea fácil y en muchos casos, desanima a muchos potenciales usuarios de un framework previniendo la adopción del mismo.

Por suerte, el creador de Laravel y sus colaboradores, se esmeran muchísimo trabajando en el framework. La documentación en el código es bien extensa, consistente y descriptiva, aparte que la página web de la documentación del framework como tal, cuenta con muchos ejemplos explicando más allá del "qué es" y entrando mucho en el plano del "cómo se usa," en muchos casos, ofreciendo "best practices" para uno ir entrando en la forma correcta de hacer las cosas con el framework. Tienen una documentación de primer orden.

Si eso no fuera suficiente, la comunidad de desarrolladores que usan el framework es una de las comunidades más serviciales de las que parecen estar contentos de ayudarte con cualquier problema que estés teniendo con el framework, y no escatiman a la hora de recomendar las mejores prácticas o mejores formas de hacer las cosas. Existen además, recursos de podcast y screencasts (www.laracasts.com, www.styde.net y www.laravelpodcast.com entre otros) que tocan diversos temas relacionados al framework y van desde las cosas más básicas del framework a lo más avanzado. Entre todo esto, se construye una sólida comunidad de entusiastas y colaboradores que aglutina mucha gente y hace que se quieran quedar.

¿Qué ofrece Laravel?
Pues el framework está organizado siguiendo la arquitectura MVC y nos ofrece los siguientes features out of the box:

- Modular
- Manejo de rutas
- Estructura para realizar pruebas (Unit Tests)
- Manejo de configuraciones
- Excelente query builder y ORM (Object Relational Mapper | conocido como Eloquent)
- Ofrece la creación de migraciones de tu base de datos, constructor de schemas y seeding
- Templates engine (conocido como Blade)
- Maneja el envío de E-mails
- Incluye un andamiaje de autenticación (opcional y a total discreción del desarrollador usarlo o no)
- Permite trabajar con Redis
- Manejar queues (ej. Amazon SQS)
- Eventos y listeners
- Comandos de consola (conocido como Artisan)

La arquitectura de las carpetas del framework provee la abstracción de la carpeta pública, o sea, la carpeta que está accesible por la web está aparte de los folders donde se almacena la lógica, y esto es ya una práctica importante y común en la mayoría de los frameworks respetables de PHP, aparte de proyectar con solo una mirada una consideración a un aspecto muy básico de seguridad.

Laravel es especialmente bueno para realizar proyectos tales como:

- Microsites (sitios web informativos de 2, quizá 3 páginas.)
  - El sistema de routing, sus controladores y el template engine hacen de este tipo de trabajo uno bastante sencillo, pero sobre todo escalable para esos proyectos que luego regresan con un upgrade y quieren subir de micro-site a full-fledged website.
- Websites completos y Web Apps
- APIs (Lumen - versión liviana de laravel creada específicamente para hacer APIs)

El Ecosistema de Laravel

Laravel ha sido un framework que ha crecido exponencialmente en los últimos meses debido en gran medida, a su ecosistema. Los creadores del framework no se limitaron a solo trabajar con eso, sino que fueron mucho, mucho más allá y crearon herramientas complementarias para ayudar en el desarrollo cuando usamos este framework. Entre las herramientas más prominentes se encuentra Elixir, Homestead, Valet y Lumen.

Laravel Elixir (ahora Laravel Mix)

Elixir o ahora conocido como Mix, es un wrapper para gulp y facilita trabajos como ejecutar sass, copiar archivos, concatenar, entre otras tareas típicas. Este paquete ya viene con el framework en el archivo composer.json, pero como otros goodies, se puede eliminar sin efectos adversos al funcionamiento del framework.

Laravel Homestead:

Homestead es un pre-packaged vagrant box. Es un ambiente de desarrollo completo diseñado especialmente para trabajar con Laravel (aunque se puede trabajar cualquier cosa hecha en PHP). Viene con TODO lo necesario para usar el framework pre-instalado y listo para usarse. Ofrece varias maneras de configurarlo; Como single-instance puedes trabajar un box de homestead por cada proyecto, usando vagrant desde la carpeta del proyecto. También puede configurarse global, usando una sola instancia del homestead box donde puedes enlazar tus carpetas de proyectos a carpetas dentro del box y hacerlas disponibles al ambiente de desarrollo.

Laravel Valet:

Si no cuentas con suficiente RAM en tu PC o Mac para mover un ambiente de desarrollo virtual, el equipo de Laravel presenta a Valet como una solución. Mientras que no ofrece todas las opciones de configuración y está lejos de ser tan robusto como Homestead, Valet es mucho más rápido que Homestead, consume aproximadamente unos 7 a 8 MB de RAM y ofrece lo más básico de lo básico para correr tu proyecto de Laravel (o cualquier cosa hecha con PHP).

En conclusión...

Con Laravel, puedes hacer web apps, web services, APIs de diferentes tipos, en fin, una variada gama de proyectos. Laravel es un framework bien completo. Implementa prácticas de programación sanas que te convertirán en un mejor programador. Cuentan con una comunidad excelente y muy dispuesta a ayudar, ya sea en foros o en el canal oficial de Laravel en slack (https://larachat.co/), siempre hay alguien que te de la mano amiga en un momento de necesidad.

Personalmente siento que Laravel honra al 100% su eslogan que dice: "The PHP Framework For Web Artisans". Y es que si aún no te consideras un artesano del PHP, cuando comiences a usar Laravel y estés ya familiarizado con él, definitivamente vas a comenzar a sentirte como uno.

Protegiendo el fruto de tu mente

Por: Leonardo J. Colón Pagán / http://despacholegal.xyz

Abogado e ingeniero de computadoras. Espectador por excelencia, le encanta ver gente haciendo lo que aman y ayudar a que sus obras sean bien compensadas.

Hoy día es sumamente accesible el desarrollo de *software*. Estudiantes universitarios, jóvenes de escuela superior, y hasta niños se sientan con una idea en su mente y desde su *laptop* completan un producto listo para el mundo. El problema: cómo evitar que alguien se apropie de su idea. La protección de la propiedad intelectual es algo que se debe tomar en cuenta desde que la idea nace en la mente.

Existen dos formas para proteger el *software* legalmente: los derechos de autor y las patentes. La diferencia entre ambas es que el derecho de autor protege la expresión de tu idea, mientras que la patente protege la implementación de la misma. Un programa de computadoras, para efectos de propiedad intelectual, se puede ver de dos maneras:

1. El código fuente, como obra literaria
2. El proceso que realiza, como un invento

Los derechos de autor son los que tiene una persona sobre la obra que crea. Estos derechos nacen con la obra y duran hasta 70 años después de la muerte del autor. Para que una obra esté protegida por derechos de autor, esta tiene que ser original y estar plasmada en un medio tangible. Esto significa que las ideas no están protegidas por los derechos de autor, sino la expresión de ellas. La idea tiene que salir de la mente y ser concretizada (por ejemplo, la letra de una canción debe estar escrita para estar protegida, el autor no puede solamente pensarla). Están protegidas por los derechos de autor las obras literarias, musicales, dramáticas, arquitectónicas, audiovisuales, coreográficas y pantomímicas. La protección que otorgan los derechos de autor va dirigida a que el autor pueda explotar económicamente (derechos patrimoniales) y mantener la integridad (derechos morales) de su obra.

En cuanto a *software*, el código es considerado una obra literaria. Esto quiere decir que el código que escribes tiene derechos de autor. Con esta protección nadie puede, sin tu autorización, reproducir, distribuir, exhibir o ejecutar públicamente ni crear obras derivadas del código fuente de tu aplicación.

Las patentes son el derecho de exclusión sobre un invento a cambio de su divulgación. La idea detrás de las patentes es incentivar a los inventores, protegiendo su invento por 20 años, mientras se beneficia el público al conocer cómo se hace dicho invento. Después de los 20 años, cualquier persona puede libremente hacer y vender productos basados en la patente, pero durante esos años, el inventor tiene un monopolio sobre los productos basados en la patente. Pueden patentarse sólo cosas hechas por el ser humano, o sea, no pueden patentarse fenómenos naturales ni ideas abstractas. Para que sea patentable, un producto o método debe ser nuevo, útil y no-obvio. El requisito de no ser obvio se cumple si lo que se conoce como una "persona ordinaria diestra en el arte" no podía descifrar una solución al problema que busca resolver el invento, basándose en inventos existentes (arte previo). Esto quiere decir que tu invento es un motor, y un ingeniero mecánico promedio puede hacer ese mismo motor, basándose en inventos ya existentes, tu invento se considera obvio.Con el *software*, las patentes se complican un poco. Durante décadas se ha debatido sobre la patentabilidad de los programas de computadora. El requisito de que no sea una idea abstracta muchas veces entra en conflicto con el hecho de que casi todo lo que hacen los programas de computadoras es implementar algoritmos de ideas abstractas (por ejemplo, sumar, ordenar, guardar valores, etc.). Para que un método implementado a través de *software* sea patentable tiene que cumplir con dos requisitos: no ser una idea abstracta y tener un concepto "ingenioso", esto es, que mejora o altera de alguna manera la forma en que está funcionando la computadora. Si resulta que el método es simplemente un conjunto de instrucciones para que la computadora realice algo que regularmente realizan los seres humanos, no es patentable.

Es importante tomar en cuenta las particularidades de la propiedad intelectual cuando estás en "la mesa de trabajo". *Software* bien protegido hoy puede hacer la diferencia entre ganar o perder dinero mañana. Documenta todo, habla de tus ideas con cautela y valora tu trabajo. La propiedad intelectual está diseñada para que todos nos beneficiemos del producto de tu mente, y a la misma vez darle a tu esfuerzo el valor que se merece.

Internado: Trampolín Profesional

Por: Jorge Sepúlveda

Cuando mi profesor en la Universidad de Puerto Rico nos recomendó participar en un programa de internado, muchas cosas pasaron por mi mente: *¿Qué rayos es eso?; eso no es para mí; no me van a seleccionar con mi poca experiencia,* entre otras. No obstante, me convencí a solicitar - aunque confieso lo hice con escepticismo - y gracias a esa oportunidad, mi carrera profesional tuvo un gran impulso. Ahora, cuando les hablo a muchos estudiantes hispanos sobre los beneficios de participar en internados, noto en ellos el mismo escepticismo que yo tuve. Mi meta con estas palabras es motivarlos para que aprovechen esta oportunidad.

¿Qué es?

Un internado es oportunidad de empleo, de poca o ninguna paga, con el propósito obtener experiencia de campo. Normalmente, los programas de internados están dirigidos a estudiantes universitarios y el período de trabajo dura aproximadamente diez semanas. También es común que los participantes viajen a otra ciudad o estado mientras participan del programa. Muchos programas ofrecen un salario suficiente para que los participantes paguen su hospedaje, comida, y otros gastos. Por otro lado, las empresas y organizaciones se benefician al ofrecer estos programas pues le permiten identificar buenos candidatos buscando plazas de entrada.

¿Qué hace un intern?

Durante mi verano como *intern* con el Departamento de Agricultura de EEUU hice muchas tareas. Instalé servidores de archivos e impresoras, configuré sistema operativos, instalé parches de seguridad, configuré itinerarios de resguardo de datos, di apoyo técnico a usuarios, entre otras cosas. Otros *interns* se enfocan en revisar y mejorar procesos, contestar preguntas de clientes, crear aplicaciones, revisar leyes, mejorar páginas Web. Para cada persona, las tareas serán diferentes.

¿Cómo solicitar?

Los interesados deben revisar los programas de internado disponibles. Uno de los programas más conocidos para los hispanos es el internado del Hispanic Association of Colleges and University (HACU). Este programa busca conectar estudiantes hispanos con agencias federales. El Programa Córdova y Fernós de Internados Congresionales ofrece oportunidades de trabajar en el Congreso de EEUU. Muchas compañías tienen sus propios programas de internados, por ejemplo Microsoft y Google. Algunas agencias federales, como el Negociado Federal de Investigaciones, tienen sus programas también. Es importante revisar los requerimientos y las fechas límites de solicitud.

Consejos para todo *intern*

Aquí unos consejos para solicitar y durante el internado:

1. *Solicita, solicita, solicita.* Como dice mucha gente, *la peor gestión es la que no se hace.* Todo estudiante con deseos de adquirir experiencia profesional debe solicitar. Muchos de estos programas solamente están disponibles para estudiantes o recién graduados. No esperes a que sea tarde para solicitar.
2. *Busca un mentor* que te ayude a revisar tu solicitud y documentos que debes someter. Esa persona a lo mejor te pueda ayudar a practicar para tu entrevista, especialmente si no es en español.

1. *Trata de mudarte a una ciudad nueva.* Si tienes la oportunidad de pasar tu verano en otra ciudad, como Washington, DC, hágalo. La experiencia que adquirirás no solo será profesional, sino cultural. Aprovecha tu tiempo libre para visitar todo lo que tu nueva ciudad ofrece.
2. *Da la milla extra en tu internado.* Busca hacer buenas tareas y demuestra tu interés por trabajar bien. Recuerda que tu desempeño puede terminar en una oferta de empleo al concluir el internado.
3. *Actualiza tu resume* con las experiencias adquiridas una vez concluya tu internado. Después de todo, hiciste internado para mejorar tu resume así que actualízalo antes de que olvides todo lo que hiciste en el programa.

Participar de un programa de internado ha sido la ficha clave para el progreso profesional de muchos. Si tienes el tiempo, no dejes pasar esta gran oportunidad.

ads@programadoresdepuertorico.com

Gerente de Producto y Gerente de Mercadeo como deben funcionar

Por: Martín Ramirez / https://www.linkedin.com/in/ramirezmartin

Aproximadamente 9 de cada 10 lanzamientos de productos son fallos. Esa es una cantidad significativa de recursos desperdiciados y esfuerzo humano. ¿Es esto simplemente debido a los malos productos con valor, propósito y utilidad débiles?

La construcción de un gran producto no es fácil. Usted tiene que tener una clara comprensión de los problemas y necesidades de quien tiene la intención de servir. Incluso aquellos que logran alcanzar un profundo nivel de comprensión del problema de sus consumidores y, a su vez, su solución, se enfrentan a un desafío para averiguar cómo comunicar el valor de lo que han construido.

Ingrese el Gerente de Producto: la persona responsable de definir con gran detalle, el 'por qué', 'qué' y 'cuándo' del producto que construirá el equipo de ingeniería. Debe trabajar en estrecha colaboración con el Gerente de Marketing de Producto, quien es responsable de comunicar de manera clara, efectiva y convincente la misma información al mercado.

Aquí es donde la importancia de una gran cultura entra en juego. Para reunir dos disciplinas básicas, deben trabajar como una máquina bien engrasada desde el primer día.

Hoy en día, en su mayoría encontramos estos dos roles aislados unos de otros por los silos de negocios funcionales y el absurdo político de la organización. Para tener éxito, la mercadotecnia de productos debe ampliar su alcance de vender / comunicar el "por qué" a trabajar con los clientes para entenderlos mejor e influir en la hoja de ruta del producto basado en la experiencia

Keith Brown descompuso los roles de una manera hermosa en su post en el Aha! blog. Aquí un resumen con unas modificaciones de mi parte:

Product Team Charter	Product Manager	Product Marketing
Vision	• set product vision and strategy • articulate the business value • owns the strategy behind the product and its roadmap • helps engineers to build only what matters	• defines the market position • conducts competitor's analysis and market research • works closely with sales to communicate the product's value to customers, partners, and influencers.
Definition	• defines features and requirements to deliver a complete product • leads the product team • responsible for articulating the "what " and determine the "when" in collaboration with engineers	• articulates all of the outbound efforts necessary to explain the product benefits • translates benefits into customer-facing messaging • gives product demonstrations • creates marketing content and collateral • owns defining the product for market understanding
Go-to-market	• typically seen as the CEO of the product • makes product decisions and acts as subject matter expert of product across the organization • supports the organizations that work directly with customers (marketing, sales, and support)	• spends less time working with teams within the company and supporting customers (A widely accepted idea that we don't agree with.) • brings the product to market and drives adoption • equips sales with the knowledge and tools they need to be successful (Ahem! The right content.) • develops customer-facing presentations • outlines content and marketing programs required for demand generation

Pragmatic Marketing, un líder de pensamiento en la gestión de productos tecnológicos y marketing, investigó cómo los gerentes de productos y los gerentes de mercadeo(Product Marketer) pasan su tiempo. No es sorprendente que más del 80% de los gerentes de producto estén monitoreando proyectos en desarrollo y escribiendo requisitos. También hay una buena cantidad de personas en este papel que están involucrados en la investigación de las necesidades del mercado y ayudar a la comercialización con demos y otros aspectos que requieren un profundo conocimiento de cómo funciona el producto, sus principales capacidades y sus limitaciones.

Los gerentes de mercadeo pasan la mayor parte de su tiempo creando presentaciones de ventas y demos. Esta responsabilidad sigue cambiando a medida que las empresas se vuelven más sofisticadas con sus producciones de contenido y surgen más papeles centrados en el contenido.

Esta es una perspectiva muy poderosa sobre la importancia de la colaboración entre disciplinas y espero ver más en la otra dirección también. Al final del día, es nuestra comprensión de los problemas, prioridades y comportamientos de los clientes que pueden ayudarnos a construir y comunicar las soluciones correctas.

Los gerentes de mercadeo deben tener un claro entendimiento de sus públicos objetivo, las personas compradoras involucradas en la compra de sus productos y cómo los clientes potenciales prefieren ser informados y educados antes de tomar una decisión de compra / no compra. Esta comprensión es lo que les permite alinear correctamente las herramientas de ventas y marketing directamente con las necesidades de los clientes.

Product Management vs Product Marketing Activity

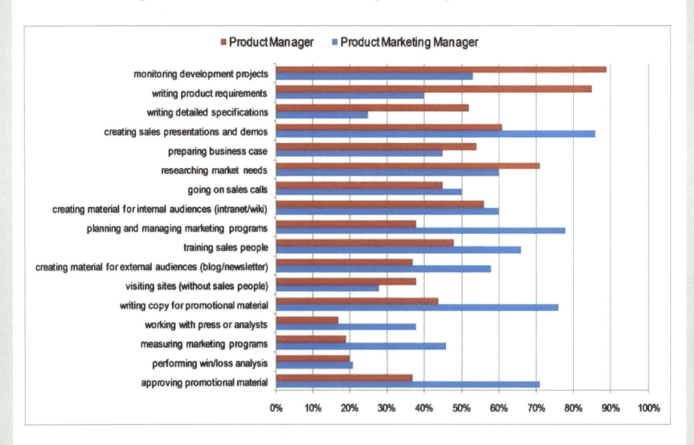

Uniendo Ambas Partes

Dependiendo de la madurez de la empresa, su oferta y el mercado, estos roles tendrán un plan de acción muy diferente en todos los ámbitos. Las primeras etapas de la etapa con una pequeña visión podrían preferir suscribirse a la filosofía de "venderlo antes de construirlo". Suscribirse a esta forma de pensar obliga a los vendedores de productos y los gerentes a trabajar muy de cerca para validar las suposiciones que tienen alrededor del problema que creen que vale la pena resolver para un grupo específico de personas. Dado que algunas de las organizaciones en esta etapa, según Contenido, no tienen grandes presupuestos y un gran número de empleados, estos papeles podrían aterrizar en el plato de un individuo -al menos hasta que la compañía crezca y pueda invertir en el talento adecuado para balancear la carga.

Las empresas con un flujo de ingresos establecido y un modelo de negocio repetible en torno a sus productos se enfrentan a un conjunto completamente diferente de desafíos para comunicar mejoras, nuevas capacidades y permanecer relevantes en mercados en constante cambio. La retroalimentación de los clientes existentes se vuelve confusa y altamente conflictiva, las tendencias del mercado y la presión de los competidores impulsarán las decisiones de los executivos nivel C para ajustar el plan para el producto y la propuesta de valor podría diluirse.

¿Dónde se ubica su organización dentro de esta dicotomía y cómo maneja estos desafíos? Me encantaría saber de su experiencia en las trincheras.